SORULU-CEVAPLI

TEMEL DİNÎ BİLGİLER

İSTANBUL MÜFTÜLÜĞÜ

Bu kitaptaki soru ve cevaplar İstanbul Müftülüğünce oluşturulan Kur'an Kursları Komisyonu tarafından hazırlanmıştır.

Proje ve Son Okuma: *Prof. Dr. Mustafa Çağrıcı*

Yayın Koordinatörü: *Kadriye Avcı Erdemli*

Teknik Danışman: *Osman Sarıköse*

İç Tasarım: *Adem Şenel*

Kapak Tasarım: *Yunus Karaaslan*

Tashih: *Dr. Mehmet Efendioğlu*

İlk Yazım: *Fatih Müftülüğü Görevlileri*

İlmi Redaksiyon ve Genişletme Komisyonu

Kadriye Avcı Erdemli

Mehmet Kızılkaya

Şerif Sürgen

İstanbul Müftülüğü Kur'an Kursları Komisyonu

Mustafa Büyükdinç
Mehmet Uçum
Safiye Süngü
Hatice Buladı
Hilal Çelikkol Kara
Mukadder Balaban

ISBN: 978-975-389-502-6
Ankara 2008

Basım

Türkiye Diyanet Vakfı Yayın Matbaacılık ve Tic. İşlt.
Tel: 0312 354 91 31 Faks: 0312 354 91 32 Y.Mahelle / Ankara

Dağıtım
T.D.V. Yay. Mat. ve Tic.İşlt.
İstanbul 1. Şube Müdürlüğü
Klodfarer Cad. No. 14 /1 Sultanahmet / İstanbul
Tel: 0212 518 46 04 Faks: 0212 518 83 07

İSTANBUL MÜFTÜLÜĞÜ
Fetva Yokuşu sok. No: 44 Süleymaniye-Eminönü / İSTANBUL
Tel: 0212 512 23 20 Faks: 0212 512 32 52

İÇİNDEKİLER

بسم الله الرحمن الرحيم

SUNUŞ

Eğitim uzmanları, çocukluk döneminde öğrenilen bilgilerin ve elde edilen alışkanlıkların, hayatın ilerleyen dönemlerini derinden etkilediğini, hatta hayatın şekillenmesine yön verdiğini söylerler. Bu bakımdan, yeni yetişen nesillere öğretilecek doğru ve faydalı bilgiler, kazandırılacak güzel alışkanlıklar hem onların gelecekleri için hem de toplum için büyük önem taşımaktadır.

Peygamber Efendimiz (s.a.s) bir hadis-i şerîfinde, dünyaya gelen bütün çocukların tertemiz bir fıtratta yaratıldıklarını, bu fıtratın da İslâm'la birebir örtüştüğünü, ancak anne ve babaların çocuklara sonradan değişik dinler ve kültürler empoze etmek suretiyle onları bu temiz fıtrattan uzaklaştırdıklarını söyler. Bu fıtratın bozulmasını önlemek isteyen Allah Resûlü, çocuklara yetişme çağından itibaren doğru dinî bilgiler verilmesini emretmiş, dini yaşama konusunda alışkanlıklar kazandırılmasını tavsiye etmiş ve buna sürekli olarak teşvik etmiştir.

Yarının büyükleri olacak bugünün çocuklarının, kendilerine, ailelerine, topluma ve insanlığa yararlı, tertemiz birer insan olarak yetişmeleri için hepimize büyük görevler düşmektedir. Biz kurum olarak bu büyük hizmete küçük de olsa bir katkıda bulunmak, ayrıca çocuklarını millî-manevî değerlere bağlı, güzel ahlâklı, ülkesini ve milletini seven birer evlat olarak yetiştirmek isteyen anne ve babalara yardımcı olmak maksadıyla, herkesin bilmesi gereken temel dinî ve ahlâkî bilgileri böyle bir kitapçıkta derledik. Bilgiler, çocuklarımız kolay öğrensin ve anlasınlar diye çok kısa olarak sunulmuştur. En büyük dileğimiz, çalışmamızın bizler için bir sadaka-i câriye, çocuklarımız için bir bilgi kaynağı, anne ve babalar için de çocuklarını yetiştirmeye yardımcı olmasıdır.

Yavrularımıza faydalı olması temennisiyle…

İSTANBUL MÜFTÜLÜĞÜ

BİRİNCİ BÖLÜM

İTİKAD

1 - *Din nedir?*

Din: Akıl sahibi insanları kendi istekleri ile dünya ve âhirette iyiliğe ve mutluluğa ulaştırmak için Yüce Allah tarafından peygamberler aracılığı ile gönderilen ilkeler ve kurallar bütünüdür.

2 - *Dinler kaça ayrılır?*

Dinler başlıca üç kısma ayrılır

1) Hak (gerçek) din: Allah tarafından peygamberler aracılığıyla insanlara bildirilen ve hiçbir değişikliğe uğramadan günümüze kadar gelen dinlerdir. Örnek: Günümüzde sadece İslâm dini bu özelliğini korumuş olan hak dindir.
2) Muharref (bozulmuş) dinler: Allah tarafından peygamberler aracılığı ile bildirildiği halde sonradan insanlar tarafından değiştirilen ve aslı bozulan dinlerdir. Örnek: Hristiyanlık, Yahudilik.
3) Batıl (gerçek olmayan) dinler: İnsanlar tarafından uydurulan dinlerdir. Örnek: Puta tapıcılık, Satanizm ve Budizm.

3 - *Dinimizin adı nedir?*

İslâm

4 - *İslâm ne demektir?*

İslâm: Peygamber Efendimiz Hz. Muhammed'e Allah tarafından gönderilen ve insanlara bildirilmesi istenen ilkeler ve kurallar bütünüdür.

5 - *Allah katında (geçerli) din hangi dindir? Bu konudaki âyet meâllerini söyleyiniz.*

"Allah katında (geçerli) din şüphesiz İslâm'dır." (Âl-i İmrân, 3/19)

"Kim İslâm'dan başka bir din ararsa, (bilsin ki o din) ondan kabul edilmeyecek ve o kişi âhirette zarara uğrayanlardan olacaktır." (Âl-i İmrân, 3/85)

6 - *İslâm dininin gayesi nedir?*

Getirdiği hükümlerle insanları hem dünyada hem de âhirette gerçeğe, iyiliğe ve mutluluğa ulaştırmaktır.

7 - *İslâm dini kaç ana bölüme ayrılır?*

Üç ana bölüme ayrılır:

1) İnanmak (İtikad),
2) Allah'ın emir ve yasaklarına uymak (Amel),
3) Canlı ve cansız bütün varlıklarla iyi ilişkiler içinde bulunmak (Ahlâk).

8 - *İslâm dininin özellikleri nelerdir?*

İslâm dininin özellikleri:

1) Son dindir,
2) Bütün insanlığa gönderilmiştir,
3) Daha önce gönderilen bütün peygamberleri ve İlâhî kitapları tasdik eder,
4) Önceki dinleri yürürlükten kaldırmıştır.

9 - *Kelime-i Tevhîd'i ve anlamını söyleyiniz.*

Lâ ilâhe illallah, Muhammedün Resûlüllah = Allah'tan başka tanrı yoktur, Hz. Muhammed de Allah'ın elçisidir.

10 - *Kelime-i Şahâdet'i ve anlamını söyleyiniz.*

Eşhedü en lâ ilâhe illallah ve eşhedü enne Muhammeden abdühû ve resûlüh = Ben şahitlik ederim ki Allah'tan başka ilâh yoktur, yine şahitlik ederim ki Hz. Muhammed O'nun kulu ve elçisidir.

11 - *İman Nedir?*

İman: Yüce Rabbimizin Peygamber Efendimiz aracılığı ile göndermiş olduğu bütün esasların doğru olduğuna kalben inanmak ve dil ile söylemektir.

12 - Âmentü'yü okuyunuz.

Âmentü billâhi ve melâiketihî ve kütübihî ve rusülihî vel-yevmil âhiri ve bil-kaderi hayrihî ve şerrihî minellahi teâlâ, vel-ba'sü ba'del-mevti, hakkun. Eşhedü en lâ ilâhe illallah ve eşhedü enne Muhammeden abdühû ve resûlüh.

13 - İmanın şartlarını söyleyiniz.

İmanın şartları:

1) Allah'ın varlığına ve birliğine inanmak,
2) Meleklerine inanmak,
3) Kitaplarına inanmak,
4) Peygamberlerine inanmak,
5) Âhiret gününe (öldükten sonra dirilmeye) inanmak,
6) Kadere (iyilik ve kötülüğün Allah'ın yaratmasıyla meydana geldiğine) inanmak.

14 - İnanç yönünden insanlar kaç kısma ayrılır? Sayıp açıklayınız.

İnanç yönünden insanlar dört kısma ayrılır:

1) Mümin: Allah'ın varlığına ve birliğine, Hz. Muhammed'in de peygamberliğine kalpten inanan kimseye denir.
2) Münafık: Allah'ın varlığına ve birliğine, Hz. Muhammed'in de peygamberliğine kalbi ile inanmadığı halde dili ile inandığını söyleyen kimseye denir.
3) Müşrik: Allah'a ortak koşan, birden fazla tanrı olduğuna inanan kimseye denir.
4) Kâfir: Allah'ın varlığına ve birliğine, Hz. Muhammed'in peygamberliğine ve getirdiği esaslara kalbi ile inanmayan, inanmadığını da açıkça söyleyen kimseye denir.

15 - Allah'ı nasıl tanıyabiliriz?

Allah'ı ancak Kur'an'da ve Peygamber Efendimiz'in sözlerinde tanıtıldığı şekilde tanıyabiliriz. Buna göre:

1) O, en büyüktür,
2) Eşsiz ve benzersizdir,
3) Hep vardı ve daima olacaktır,
4) Hiç kimseye ihtiyacı yoktur,
5) Evrende var olan her şeyin sahibidir,
6) Herkes ve her şey ona muhtaçtır,
7) Bütün varlıkları bilir,
8) Her şeyi görür ve işitir,
9) Ona gizli olan hiçbir şey yoktur.

16 - İnsanların Allahü Teâlâ ile iletişim kurma vasıtaları nelerdir?

Başlıca üç vasıta vardır:

1) Dua,
2) İbadet,
3) Sâlih amel (İyi ve güzel işler).

17 - Allah'ın sıfatları kaça ayrılır?

Allah'ın sıfatları iki kısma ayrılır

1) Zâtî sıfatlar,
2) Sübûtî sıfatlar.

18 - Zâtî sıfatlar nelerdir?

Zâtî sıfatlar

1) Vücûd: Allahü Teâlâ'nın var olması demektir,
2) Kıdem: Allâhü Teâlâ'nın varlığının başlangıcı olmaması demektir,
3) Bekâ: Allahü Teâlâ'nın varlığının sonu olmaması demektir,
4) Vahdâniyet: Allahü Teâlâ'nın bir olması demektir,
5) Muhâlefetün lil-havâdis: Yarattığı varlıkların hiçbirine benzememesi demektir,
6) Kıyâm bi-nefsihi: Hiçbir şeye ve hiç kimseye ihtiyacı olmaması demektir.

19 - Sübûtî sıfatlar nelerdir?

Sübûtî sıfatlar

1) Hayat: Allahü Teâlâ'nın diri olması demektir,
2) İlim: Allahü Teâlâ'nın her şeyi bilmesi demektir,
3) Semi': Allahü Teâlâ'nın her şeyi işitmesi demektir,
4) Basar: Allahü Teâlâ'nın her şeyi görmesi demektir,
5) İrâde: Allahü Teâlâ'nın bir şeyin olmasını dilemesi demektir,
6) Kudret: Allahü Teâlâ'nın gücünün yetmesi demektir,
7) Kelâm: Allahü Teâlâ'nın konuşması demektir,
8) Tekvîn: Allahü Teâlâ'nın yaratması demektir.

20 - İmanın sahih ve makbul olmasının şartları nelerdir?

İmanın sahih ve makbul olmasının başlıca üç şartı vardır:

1) Hayattan ümit kesmeden önce iman edilmiş olmalı;
2) Dinî hükümleri inkâr edici herhangi bir söz veya davranış bulunmamalı;
3) Dinî hükümlerin hepsinin doğru, güzel ve faydalı olduğu kabul edilmelidir.

21 - Allahü Teâlâ'nın varlığı ve birliğine dair Kur'ân-ı Kerîm'den bir delil söyleyiniz.

Bu konuda yüzlerce âyet var. İhlâs sûresi bunların özetidir.

İhlâs sûresinin mânası:

"De ki: Allah birdir, Allah Samed'dir (hiç kimseye ihtiyacı yoktur, herkes ona muhtaçtır). O, doğmamış ve doğurulmamıştır. Hiç kimse O'na denk değildir (eşi ve benzeri yoktur)." (İhlâs, 112/1-4)

22 - Meleklerin özellikleri nelerdir?

Meleklerin özellikleri:

1) Melekler nurdan yaratılmış varlıklardır;
2) Yemezler, içmezler;
3) Erkeklik ve dişilikleri yoktur;
4) Hiç günah işlemezler;

5) Allah'ın emirlerini eksiksiz yerine getirirler;
6) Hızlı ve süratli varlıklardır;
7) Sayılarını Allah'tan başka kimse bilmez;
8) Daima Allah'ı zikir ve tesbih ile meşguldürler.

23 - *Büyük melekler kaçtır? Görevleri nelerdir?*

Büyük melekler dörttür:

1) Cebrâil: Allahü Teâlâ'dan aldığı mesajları (vahyi) peygamberlere ileten melektir.
2) Mikâil: Yağmurun yağması, rüzgârın esmesi gibi tabiat olaylarını idare etmekle görevli melektir.
3) İsrâfil: Kıyametin kopması ve insanların tekrar dirilmesi için, mahiyeti bizce bilinmeyen "Sûr"a üfleyecek olan melektir.
4) Azrâil: Ömrü sona eren insanların canlarını almakla görevli melektir.

24 - *Dört büyük melek dışında, Kur'ân-ı Kerîm'de isimleri geçen diğer melekler hangileridir ve görevleri nelerdir?*

Diğer melekler şunlardır:

1) Kirâmen Kâtibîn: Bunlar iki melektir. Biri insanların sağında bulunur, sevapları yazar. Diğeri solunda bulunur, günahları yazar.
2) Münker ve Nekir: Kabirde soru sormakla görevli meleklerdir.
3) Rıdvan: Cennetteki meleklerin başkanıdır.
4) Mâlik: Cehennemdeki meleklerin başkanıdır.
5) Hafaza melekleri: İnsanların önlerinden ve arkalarından onları takip eden, kaza ve belâlara karşı koruyan meleklerdir.

25 - *Cin nedir?*

Cin: Ateşten yaratılmış olup gözle görülmeyen, insanlar gibi iman ve ibadet etmekle yükümlü tutulan, iyileri ve kötüleri olan varlık türüdür.

26 - *Şeytan nedir?*

Şeytan: Cin taifesindendir. Gözle görülmemekle birlikte varlığı kesindir. Allah'ın emrine âsi olduğu için O'nun rahmetinden mahrum kalmıştır. Azgınlık ve kötülükte çok ileri giden, insanları saptırmayı kendisine görev edinen bir varlıktır.

27 - *Şeytanın özellikleri nelerdir?*

Şeytanın özellikleri

1) Şeytan ateşten yaratılmıştır,
2) Gurur ve kibiri nedeniyle Allah'a isyan etmiştir,
3) Cennetten kovulmuş ve Allah tarafından lânetlenmiştir
4) Kıyamete kadar yaşayacaktır,
5) Hem kendi cinsinden, hem de insanlar ve cinlerden yardımcıları vardır,
6) Her türlü yola başvurarak insanları ve cinleri Allah'a isyan ettirmek için çalışır.

28 - *Vahiy nedir?*

Allah tarafından, doğrudan veya elçi melek vasıtasıyla peygamberlere bildirilen ve kesinlik ifade eden bilgiye vahiy denir.

29 - *Büyük kitaplar indiriliş sırasına göre hangi peygamberlere gönderilmiştir?*

Büyük kitaplar

1) Tevrât : Hz. Mûsa'ya,
2) Zebûr : Hz. Dâvûd'a,
3) İncîl : Hz. İsa'ya,
4) Kur'ân-ı Kerîm : Bizim Peygamberimiz Hz. Muhammed Mustafâ'ya indirilmiştir.

30 - *En son indirilen ve kıyamete kadar geçerliliğini koruyacak olan kutsal kitabımızın adı nedir?*

Kur'ân-ı Kerîm.

31 - *Kur'ân-ı Kerîm nasıl bir kitaptır?*

Kur'ân-ı Kerîm

1) Allah tarafından Hz. Peygamber'e gönderilmiştir,
2) 23 senede peyderpey indirilmiştir,
3) 114 sûre, 30 cüzdür,
4) Bir harfi dahi değişmeden günümüze kadar gelmiştir,
5) Okunuşu ve dinlenişi ile ibadet edilir,
6) Her yönüyle mucizedir.

32 - *Kur'ân-ı Kerîm Peygamber Efendimiz'e nerede ve ne zaman indirilmeye başlanmıştır?*

Kur'ân-ı Kerîm: Milâdî 610 yılında, Mekke yakınlarında bulunan Nur dağındaki Hira mağarasında, Ramazan ayının 27. gecesi "Oku" emriyle indirilmeye başlanmıştır.

33 - *İlk inen âyetler hangileridir? Meâlini söyleyiniz.*

İlk inen âyetler Alâk sûresinin ilk beş âyetidir. Bunların meâli

1) Yaratan Rabbinin adıyla oku!
2) O, insanı kan pıhtısından yarattı.
3) Oku! Rabbin sonsuz ikram sahibidir.
4) Kalem ile (yazmayı) öğreten odur.
5) İnsana bilmediğini o öğretti. (Alâk, 96/1–5)

34 - *Kur'ân-ı Kerîm'in gönderiliş amacı nedir?*

1- İnsanlara inançta ve yaşayışta doğru yolu göstermek,
2- Ahlâk güzelliği kazandırmak,
3- Uyumlu ve huzurlu bir toplum oluşturmak, hem dünya hem de âhiret mutluluğu sağlamak.

35 - *Kur'an okumanın fazileti hakkında üç hadis meâli söyleyiniz.*

Üç hadis meâli

1) "Sizin en hayırlınız Kur'an'ı öğrenen ve öğreteninizdir."
2) "Kur'an okuyun. Çünkü Kur'an Kıyamet gününde onu okuyana şefaatçı olacaktır."

3) "Kim Allah'ın Kitabı'ndan bir harf okursa ona bir iyilik sevabı yazılır. Bu iyilik sevabı da on katıyla değerlendirilir."

36 - *Sûre ne demektir? Kur'ân-ı Kerîm'deki ilk ve son sûre hangileridir?*

Sûre: Kur'ân-ı Kerîm'de özel isimleri bulunan ve besmeleyle birbirinden ayrılan bölümlerdir. İlk sûre Fâtiha, son sûre ise Nâs'tır.

37 - *Âyet ve Hadis'i tarif ediniz.*

Âyet: Bir veya birkaç kelime ya da cümleden meydana gelen ve sûreleri oluşturan Allah sözüdür.

Hadis: Peygamber Efendimizin mübarek ağzından çıkan sözlerdir.

38 - *Meâl ve Tefsîr nedir? Açıklayınız.*

Meâl: Kur'ân-ı Kerîm'in Arapça'dan başka bir dile yapılmış çeviridir.

Tefsîr: Kur'ân-ı Kerîm'in daha iyi ve doğru anlaşılması için âyetlerin geniş bir şekilde izah edilmesidir.

39 - *Tilâvet secdesi nedir?*

Kur'ân-ı Kerîm'de secde âyetleri okunduğu veya dinlendiği zaman yapılması gereken secdedir. Kur'ân'da 14 yerde secde âyeti vardır. Bu âyetler sayfa kenarlarında özel işaretlerle belirtilmiştir.

40 - *Mushaf ne demektir?*

Kur'an sayfalarının bir araya toplanarak kitap haline getirilmiş şekline mushaf denir.

41 - *Kur'ân-ı Kerîm'in âyetleri ile sûreleri ne zaman toplanmış ve ne zaman çoğaltılmıştır?*

Hz. Peygamber'in emanet olarak bıraktığı yazılı Kur'ân sayfaları halife Hz. Ebû Bekir zamanında toplanarak mushaf haline getirilmiş, Hz. Osman zamanında da çoğaltılmıştır.

42 - Peygamber kime denir?

Allah tarafından seçilmiş, vahiy yoluyla aldığı emir ve yasakları insanlara bildirmekle görevlendirilmiş üstün ahlâk sahibi kimselere peygamber denir.

43 - İlk ve son peygamberler kimlerdir?

İlk peygamber Hz. Âdem, son peygamber ise bizim peygamberimiz Hz. Muhammed Mustafâ'dır. Peygamber Efendimizle birlikte peygamberlik kapısı kapanmıştır, artık bir daha peygamber gönderilmeyecektir.

44 - Peygamberlerde bulunması gerekli olan sıfatlar (özellikler) nelerdir?

Peygamberlerde bulunması gereken sıfatlar beştir

1) Sıdk : Doğru sözlü olmak,
2) Emânet : Güvenilir olmak,
3) Fetânet : Akıllı ve zeki olmak,
4) İsmet : Günah işlememek,
5) Tebliğ : Allah'tan aldığı mesajları aynen insanlara bildirmek.

45 - Peygamber Efendimizi diğer peygamberlerden ayıran önemli özellikler nelerdir?

1) Son Peygamber olması,
2) Getirdiği kitabın ve dinî hükümlerin kıyamete kadar geçerli olması,
3) Diğer peygamberler gibi belli bir bölgeye veya topluluğa değil, bütün insanlara peygamber olarak gönderilmesi,
4) Son dinin sahibi olması,
5) Yaratılmışların en faziletlisi, Allah'ın en sevgili kulu olması,
6) Âlemlere rahmet olarak gönderilmesi,
7) Bütün insanlık için en güzel örnek olması.

46 - *İnsanlığın yaratılışından bu zamana kadar kaç peygamber gelmiştir?*

Kur'ân-ı Kerîm'in bildirdiğine göre, insanlığın yaratılışından bu zamana kadar peygamber gönderilmeyen hiçbir topluluk yoktur. Yüce Allah emir ve yasaklarını kullarına iletmeleri için her millete farklı zamanlarda pek çok peygamber göndermiştir. Ancak bunların sayısını Allah'tan başka kimse bilmez.

47 - *Kur'ân-ı Kerîm'de ismi geçen peygamberler hangileridir?*

Âdem, İdrîs, Nûh, Hûd, Sâlih, Lût, İbrâhim, İsmâil, İshâk, Yâkub, Yûsuf, Şuayb, Hârun, Mûsa, Dâvud, Süleyman, Eyyûb, Zülkifl, Yûnus, İlyâs, Elyesâ, Zekeriyâ, Yahyâ, İsâ ve Muhammed Mustafâ (s.a.v.).

48 - *Mucize ve kerâmet ne demektir?*

Mucize: Peygamberlerin, peygamber olduklarını kanıtlamak için Allah'ın izni ile gösterdikleri olağanüstü olaylardır.

Kerâmet: Peygamberlerin yolundan giden Allah dostlarının gösterdikleri olağanüstü olaylardır.

49 - *Peygamber Efendimizin büyük mucizelerinden üç tanesini söyleyiniz.*

Peygamber Efendimizin üç büyük mucizesi

1) Kur'ân-ı Kerîm: Kıyamete kadar devam edecek en büyük mucizedir.
2) Şakk-ı Kamer: Eli ile ayı ikiye ayırması.
3) İsrâ ve Mirac: Hicretten 1,5 yıl kadar önce Mekke'de bulunan Mescid-i Harâm'dan alınıp Kudüs'teki Mescid-i Aksâ'ya götürülmesi (İsrâ), oradan da göklere yükseltilmesi (Mirac).

50 - *Bütün peygamberlerin tebliğ ettiği ana esaslar kaç tanedir ve nelerdir?*

Beş tanedir

1) Dini koruma,
2) Aklı koruma,
3) Nesli koruma,
4) Malı koruma,
5) Canı koruma.

51 - Âhiret ne demektir?

Kıyamet kopup bütün canlılar öldükten sonra yeniden diriliş ile başlayacak olan sonsuz hayata âhiret denir.

52 - Âhiret hayatının evreleri nelerdir?

Âhiret hayatının evreleri:

1) Kabir hayatı,
2) Kıyametin kopması,
3) Yeniden diriliş,
4) Mahşer,
5) Amel defterlerinin dağıtılması,
6) Hesap,
7) Mîzân (Amellerin tartılması),
8) Sırât,
9) Şefâat,
10) Cennet,
11) Cehennem.

53 - Kabir ve kabir hayatı nedir?

İnsanın ölüp defnedildikten sonra kıyamet günü yeniden dirilinceye kadar beklediği yere kabir, burada geçen hayata da kabir hayatı denir.

54 - Kıyamet ne demektir?

Sözlükte "kalkmak, dirilmek" demektir. Dinî anlamı ise:

1) Evrenin düzeninin bozulması,
2) Her şeyin alt üst edilerek yok olması,

3) Yok olan ve ölen şeylerin yeniden yaratılıp diriltilerek ayağa kalkması,
4) Mahşere doğru yönelmesi, demektir.

55 - Haşir ve mahşer ne demektir?

Haşir: Allah'ın insanları hesaba çekmek üzere tekrar dirilişten sonra bir araya toplamasıdır.

Mahşer: İnsanların hesap vermek üzere toplandıkları yere denir. Mahşerin diğer adı da Arasât'tır.

56 - Kıyamet ne zaman kopacak?

Kıyametin ne zaman kopacağını Allah'tan başka kimse bilemez. Müslüman için önemli olan Kıyametin ne zaman kopacağını bilmek değil, onun kopması ile başlayacak olan sonsuz hayata gerektiği şekilde hazırlık yapmaktır.

57 - Mîzân ne demektir?

Mîzân: Âhirette hesaptan sonra herkesin amellerinin (iyilik ve kötülüklerinin) tartıldığı İlâhî adâlet ölçüsünün adıdır.

58 - Sırât ne demektir?

Sırât: Cehennemin üzerine kurulmuş manevî bir köprüdür. Herkes bu köprünün üzerinden geçecektir. Müminler geçip cennete ulaşacak, kâfirler ise geçemeyip cehenneme düşeceklerdir.

59 - Şefâat ne demektir?

Şefâat: Günahı olan müminlerin günahlarının bağışlanması, olmayanların da cennette daha yüksek derecelere erişmesi için peygamberlerin ve Allah katında dereceleri yüksek olan kimselerin Allah'a yalvarmaları ve dua etmeleri demektir.

60 - Cennet ne demektir?

Kelime olarak "bahçe, bitki ve sık ağaçlarla örtülü yer" demektir. Cennet, sayısız nimetlerle donatılmış ve müminlerin içinde ebedî olarak kalmaları için hazırlanmış âhiret yurdudur.

61 - Cehennem ne demektir?

Kelime olarak "derin kuyu" anlamına gelir. Cehennem, âhirette inkarcıların sürekli olarak kalacakları, günahkâr müminlerin ise günahları ölçüsünde geçici olarak cezalarını çekecekleri yerdir.

62 - Tevekkül ne demektir?

Hedefe ulaşmak için gerekli bütün maddî ve manevî sebeplere başvurduktan sonra, yapacak başka bir şey kalmayınca Allah'a dayanıp güvenmek ve işin sonucunu O'na havale etmektir.

63 - Hayır ve şer ne demektir?

Hayır: Allah'ın emrettiği, sevdiği ve hoşnut olduğu davranışlara verilen isimdir.

Şer: Allah'ın yasakladığı, hoşnut olmadığı ve beğenmediği davranışlar demektir.

64 - Mezhep ne demektir? Kaç kısımda incelenir?

Mezhep: " Müslümanlar arasında ihtilâflı olan dinî konularda aynı görüşü benimseyenlerin oluşturduğu geniş topluluk ve bu topluluğun benimsediği görüşler" demektir. İki kısımda incelenir:

1) İtikâdî mezhepler: Dinî inanışla ilgili farklı görüş ve yorumlar;
2) Amelî mezhepler: Dinî uygulama ve davranışlarla ilgili görüş ve yorumlar.

65 - Başlıca itikâdî mezhepler hangileridir?

Başlıca itikâdî mezhepler şunlardır:

Selefiye - Mâtüridiye - Eş'ariye

66 - Başlıca amelî mezhepler hangileridir?

Başlıca amelî mezhepler şunlardır:

Hanefî mezhebi - Şâfiî mezhebi - Mâlikî mezhebi - Hanbelî mezhebi - Şiî / Câferî mezhebi,

Ayrıca Bektâşîlik- Alevîlik de itikadî ve amelî yönden, yukarıda sayılan mezheplerden bazı farklılıklar taşır ve hem mezhep hem tarikat özelliklerine sahiptir.

67 - Mezhepler arasındaki farklılığın sebebi ve amacı nedir?

Mezhepler arasındaki farklılıklar genellikle Peygamber Efendimizin bazı konularla ilgili söz ve davranışlarında görülen esneklikten kaynaklanmaktadır. Efendimiz bazen aynı konuda farklı uygulamalarda bulunmuş, mezhep âlimleri bunları yorumlarken tercihler yapmış, böylece farklılıklar ortaya çıkmıştır. Bu tercihler ve bunlardan kaynaklanan farklılıklar, Hz. Peygamber'in bütün sünnetlerinin yaşatılmasına vesile olur. Böyle olunca mezhep sahiplerinin birbirlerine karşı saygılı ve hoşgörülü olması gerekir. Mezhepler arasındaki farklılıklar İslam'da ayrılık değil, zenginlik ve kolaylık kapısı olarak görülmelidir.

GERÇEK İMAN

Hazreti Ömer, halifeliği zamanında kontrol maksadıyla bir gece Medîne'de dolaşırken yoruldu ve dinlenmek üzere bir evin duvarına yaslandı. Bu esnada, evin içinde anne ile kızı arasında geçen şu konuşmayı duydu:

Anne:

-- Haydi kızım, kalk da süte biraz su katıver!

Kız:

-- Halifenin sütlere su katılmasını yasakladığını bilmiyor musun?

Anne:

-- Evet biliyorum.

Kız:

-- Öyle ise halifenin yasakladığı işi nasıl yapabilirim?

Anne:

-- Kalk da su koy şu süte, Ömer seni nereden görecek?

Kız:

-- Ömer görmez ama Rabbim görür. Vallahi ben onun göreceği yerde yapmadığım bir işi görmediği yerde de yapmam.

Hz. Ömer, bu konuşmaları dinledikten sonra oradan ayrıldı. Daha sonra, iyi bir din terbiyesi görmüş bu yüksek ahlâklı fakir kızı oğlu Âsım ile evlendirdi.

Bu olaydan şunu öğreniyoruz:

"Allah inancının, insanın davranışlarına olumlu yönde çok büyük tesiri vardır."

İKİNCİ BÖLÜM

İBADET

1 - *İnsanın dünyaya geliş amacı nedir?*

İnsanın dünyaya geliş amacı, Allah'ı tanımak ve ona kulluk etmektir. Kur'ân-ı Kerîm'de Allahü Teâlâ insanları ve cinleri, kendisini tanımaları ve ibadet etmeleri için yarattığını bildirmiştir. (Zâriyât, 51/56)

2 - *İbadet ne demektir?*

İbadet: Allah'a kulluk etmek, saygı göstermek ve verdiği nimetlere karşılık O'na şükretmek demektir. Namaz, oruç, zekât ve hac gibi farz emirler yanında, diğer bütün dinî ve ahlâkî görevleri yerine getirmek de ibadet sayılır.

3 - *Kaç çeşit ibadet vardır?*

Üç çeşit ibadet vardır

1) Beden ile yapılan ibadet: Namaz ve Oruç gibi.
2) Mal ile yapılan ibadet: Zekât gibi.
3) Hem beden ve hem mal ile yapılan ibadet: Hac gibi.

4 - *İbadetin insanlara ne gibi faydaları vardır?*

İbadetin faydaları:

1) İnsanın Allah ile bağını güçlendirir,
2) İç huzuru sağlar,
3) Güven duygusunu geliştirir,
4) Kötülüklerden alıkoyar,
5) Güzel ahlâkın gelişmesine katkıda bulunur,
6) Sabrı ve sorumluluk bilincini geliştirir,
7) Toplumda birlik ve yardımlaşma duygusunu geliştirir.

5 - *İslâm'ın şartı kaçtır? Sayınız.*

İslâm'ın şartı beştir:

1) Kelime-i Şehâdet getirmek,
2) Namaz kılmak,
3) Oruç tutmak,
4) Zekât vermek,
5) Hacca gitmek.

Bu beş şart müslümanlara ibadet olarak emredilmiş olmakla birlikte, İslâm dininde yapılması istenenler bunlarla sınırlı değildir. Kur'ân-ı Kerîm'de ve Peygamber Efendimizin hadislerinde yer alan bütün emir ve yasakları uygulamak her müslümanın görevidir.

6 - *İslâm'da amelî hükümlerin kaynakları (Edille-i Şer'iyye) kaç tanedir?*

Dört tanedir:

1) Kitap (Kur'ân-ı Kerîm),
2) Sünnet,
3) İcmâ,
4) Kıyas.

7 - *Mükellef kime denir?*

Ergenlik çağına ulaşan, akıl sahibi olan ve Allah'ın emir ve yasaklarından sorumlu tutulan her erkek ve kadına mükellef denir.

8 - *Mükellefin bilmesi ve yapması gereken işler kaç tanedir ve nelerdir?*

Sekiz tanedir:

1) Farz,
2) Vâcib,
3) Sünnet,
4) Müstehab,
5) Mübâh,
6) Haram,
7) Mekruh,
8) Müfsid.

9 - *Farz ne demektir?*

Allah ve Resûlünün mükelleften yapılmasını kesin olarak istediği buyruklara farz denir.

10 - Farzın hükmü nedir?

Yapan sevap kazanır, terk eden günahkâr olur, inkâr eden dinden çıkar.

11 - Farz kaça ayrılır? Açıklayınız.

Farz ikiye ayrılır:

1) Farz-ı ayın: Her mükellefin bizzat kendisinin yapması gereken emirlerdir. Beş vakit namaz kılmak, Ramazan orucu tutmak gibi.
2) Farz-ı kifâye: Bazı mükelleflerin yapmasıyla diğerlerinin üzerinden düşen emirlerdir. Cenaze namazı kılmak, kimsesizlere sahip çıkmak gibi.

12 - Vâcib ne demektir? Açıklayınız.

Farz kadar kesin olmamakla birlikte kuvvetli bir delile dayanan ve yapılması istenilen ibadetlerdir. Vitir ve Bayram namazı kılmak, fitre vermek ve kurban kesmek gibi.

13 - Sünnet ne demektir?

Farz ve vâcibin dışında Peygamber Efendimizin ibadet niyetiyle yaptığı ve yapılmasını istediği davranışlardır. Farz namazlardan önce ve sonra sünnet namazı kılmak gibi.

14 - Sünnet kaça ayrılır? Açıklayınız.

Sünnet ikiye ayrılır:

1) Sünnet-i müekkede: Peygamber Efendimizin genellikle yaptığı ve çok az terk ettiği sünnetlerdir. Akşam namazının sünneti, Yatsı namazının son sünneti ve Terâvih namazı gibi.
2) Sünnet-i gayr-i müekkede: Peygamber Efendimizin arasıra işlediği sünnetlerdir. İkindi namazının sünneti ile Yatsı namazının ilk sünneti gibi.

15 - Müstehab (Mendûb) ne demektir?

İşlenmesinde sevap olan, terk edilmesinde günah bulunmayan işlerdir. Gece namazı kılmak ve Aşure orucu tutmak gibi.

16 - Mübâh ne demektir?

Yapılması serbest olan şeylerdir. Günlük hayatta oturmak, kalkmak, konuşmak, yürümek gibi.

17 - Haram ne demektir?

Kesin bir delil ile yapılması yasaklanan şeylerdir. İnsan öldürmek, içki içmek, kumar oynamak, faiz yemek, anne ve babaya karşı gelmek gibi.

18 - Haramın hükmü nedir?

Haramdan uzak durmak kişiye sevap kazandırır. Haram olduğunu bilerek bir iş yapmak büyük günahtır ve cehennemde azap çekmeyi gerektirir. Haramı helâl kabul etmek veya haram olduğunu inkâr etmek ise dinden çıkarır.

19 - Mekruh ne demektir?

Yapılması hoş görülmeyen, terk edilmesi öğütlenen şeylerdir. Sigara içmek gibi.

20 - Müfsid ne demektir?

Başlanmış ibadeti bozan durum demektir. Namazda konuşmak, gülmek, abdesti bozulmak, oruçlu iken bile bile yemek veya içmek gibi.

21 - İslâm'ın temizliğe verdiği önem hakkında bir âyet meâli söyleyiniz.

"Şüphesiz Allah, çokça tövbe edenleri ve iyice temizlenenleri sever." (Bakara, 2/222)

22 - Abdest nedir? Tarif ediniz.

Belirli uzuvları usûlüne uygun olarak yıkamak ve meshetmek, avuç içiyle ıslatmak suretiyle yapılan bir temizliktir.

23 - *Abdestin farzları kaçtır? Sayınız.*

Abdestin farzları dörttür:

1) Yüzü bir kere yıkamak,
2) Dirseklerle beraber kolları bir kere yıkamak,
3) Başın dörtte birini meshetmek,
4) Ayakları topuklarıyla beraber bir kere yıkamak.

24 - *Abdesti bozan şeyler nelerdir?*

Abdesti bozan şeyler:

1) Vücudun her hangi bir yerinden kan ve sıvı çıkması,
2) Ağız dolusu kusmak,
3) Küçük veya büyük tuvalet yapmak ve gaz çıkarmak,
4) Bayılmak, sarhoş olmak,
5) Namazda yanındaki kişinin işiteceği kadar gülmek,
6) Yatarak veya bir yere dayanarak uyumak,
7) Tükürdüğü zaman, tükürükte yarıdan fazla kan bulunmak.

25 - *Abdestsiz yapılmayan şeyler nelerdir?*

Abdestsiz yapılmayan şeyler:

1) Namaz kılınmaz,
2) Kâbe tavaf edilmez,
3) Tilâvet secdesi yapılmaz.

26 - *Guslü (Boy abdesti) tarif ediniz.*

Gusül: Bedenin her tarafını kuru yer kalmayacak şekilde yıkamaktır.

27 - *Guslün farzları kaçtır?*

Guslün farzları üçtür:

1) Ağıza su vermek,
2) Buruna su vermek,
3) Bütün vücudu yıkamak.

28 - *Gusül yapmayı gerektiren haller nelerdir?*

Gusül yapmayı gerektiren haller:

1) Cünüplük hali,
2) Kadınların âdet kanamalarının sona ermesi,
3) Doğum yapan kadınların lohusalık kanamalarının bitmesi.

29 - *Gusülsüz neler yapılmaz?*

Gusülsüz:

1) Namaz kılınmaz,
2) Kur'ân-ı Kerîm okunmaz,
3) Kâbe tavaf edilmez.

30 - *Teyemmümü tarif ediniz.*

Niyet ederek temiz toprak veya toprak cinsinden bir şeye elleri sürüp yüzü ve kolları sıvazlamaya teyemmüm denir.

31 - *Teyemmümün farzları kaçtır?*

Teyemmümün farzları ikidir:

1) Niyet etmek,
2) Elleri temiz toprağa veya toprak cinsinden bir şeye iki defa vurduktan sonra, birincisinde yüzü, ikincisinde ise kolları meshetmektir.

32 - *Teyemmüm hangi durumlarda gerekli olur?*

Teyemmüm:

1) Abdest alacak veya gusül yapacak kadar su bulunmadığında,
2) Su bulunduğu halde suyun kullanılması mümkün olmadığında,
3) Bedenin tamamı veya çoğu yara olup suyu kullanmak zararlı olduğunda teyemmüm yapılır.

33 - *Teyemmümü bozan şeyler nelerdir?*

Teyemmümü bozan şeyler:

1) Abdest ve gusülü bozan her şey teyemmümü bozar,
2) Suyun bulunması veya kullanılabilir hale gelmesi teyemmümü bozar.

34 - *Namazın önemi ve faydaları nelerdir?*

Namaz:

1) İslâm'ın şartlarından biridir,
2) Kulu Allah'a yaklaştırır,
3) Cemaatle kılınması birlik ve beraberliği pekiştirir,
4) Sorumluluk bilincini geliştirir,
5) Tembellikten korur ve disiplinli olmayı sağlar,
6) Bedene sağlık verir.

35 - *Kaç çeşit namaz vardır?*

Üç çeşit namaz vardır:

1) Farz namazlar: Beş vakit namazın farzları ve Cuma namazı.
2) Vâcib namazlar: Bayram namazları ve Vitir namazı.
3) Nafile namazlar: Teheccüd namazı gibi.

36 - *Beş vakit namazı sayınız ve rekâtlarını söyleyiniz.*

Beş vakit namaz:

1) Sabah namazı 4 rekât: İkisi sünnet, ikisi farz
2) Öğle namazı 10 rekât: Dördü ilk sünnet, dördü farz, ikisi son sünnet
3) İkindi namazı 8 rekât: Dördü sünnet, dördü farz olmak üzere
4) Akşam namazı 5 rekât: Üçü farz ikisi sünnet olmak üzere
5) Yatsı namazı 10 rekât: Dördü ilk sünnet, dördü farz, ikisi son sünnet.

   Yatsı namazının arkasından 3 rekât vitir namazı kılınır. Vitir namazı vâcib namazlardandır.

37 - Namazın farzları kaçtır ve nelerdir?

Altısı namaza başlamadan önce, altısı namaz içerisinde yapılması gerekenler olmak üzere 12 tanedir. Namaza başlamadan öncekilere şart, namazın içindekilere rukün denir.

Namazın şartları:

1) Hadesten tahâret: Abdest almak, gerekli ise gusül yapmak,
2) Necâsetten tahâret: Bedende, elbisede ve namaz kılacak yerde pislik varsa bunları temizlemek,
3) Setr-i avret: Örtülmesi gereken yerleri örtmek (Erkeklerde göbek ve diz kapağı arasını, kadınlarda el, yüz ve ayaklar hariç her tarafı örtmek),
4) İstikbâl-i kıble: Namazı kıbleye (Kâbe'ye) yönelerek kılmak,
5) Vakit: Her namazı kendi vakti içinde kılmak,
6) Niyet: Namaza başlarken hangi namaz kılınacaksa ona niyet etmek.

Namazın rükünleri:

1) İftitah tekbiri: Namaza başlarken tekbir almak,
2) Kıyam: Ayakta durmak,
3) Kırâat: Namazda Kur'ân-ı Kerîm okumak,
4) Rukû: Namazda eller diz kapağına erişecek şekilde eğilmek,
5) Sücûd: Ayaklar, dizler ve ellerle beraber alnı yere koymak,
6) Ka'de-i âhire: Namazın sonunda Ettehıyyâtü duasını okuyacak kadar oturmak.

38 - Namazın vâciblerini sayınız.

Namazın vâciblerinden bazıları şunlardır:

1) Farz namazların ilk iki, vitir ve nâfile namazların her rekâtında Fâtiha sûresini okumak,
2) Fâtiha'yı zamm-ı sûreden önce okumak,
3) Secdede alınla burnu birlikte yere koymak,
4) İki secdeyi peş peşe yapmak,
5) Ta'dîl-i erkâna riâyet etmek (Namazda her uygulamanın hakkını vermek),

6) Üç ve dört rekâtlı namazların ikinci rekâtında oturmak,
8) Vitir namazında kunut duası okumak,
9) İlk ve son oturuşlarda Ettehıyyatü duasını okumak.

39 - *Namazı bozan şeyler nelerdir?*

Namazı bozan şeyler:

1) Namazda konuşmak,
2) Namazda bir şey yemek veya içmek,
3) Namazda birine selâm vermek veya birinin selâmını almak,
4) Namazda göğsünü kıbleden çevirmek,
5) Namazda abdesti bozacak bir davranışta bulunmak,
6) Namazda Kur'ân'ı mânası bozulacak şekilde yanlış okumak,
7) Namazda kendi işiteceği kadar gülmek.

40 - *Hangi vakitlerde namaz kılınmaz?*

Üç vakitte namaz kılınmaz:

1) Güneş doğarken,
2) Güneş tam tepedeyken,
3) Güneş batarken.

41 - *Sehiv secdesi nedir?*

Namaz içerisinde yanılmadan dolayı yapılan secdeye sehiv secdesi denir.

42 - *Sehiv secdesi hangi hallerde gerekli olur?*

Sehiv secdesi:

1) Namaz içinde farzlardan biri unutularak geciktirildiğinde,
2) Namazın vaciblerinden biri unutularak geciktirildiğinde veya terk edildiğinde gerekli olur.

43 - *Sehiv secdesi nasıl yapılır?*

Namazın son oturuşunda yalnız Ettehıyyâtü duası okunarak sağ tarafa selâm verildikten sonra Allahü Ekber diyerek iki defa secdeye varılır. Sonra Allahü Ekber ile oturulur. Bu oturuşta, Ettehıyyâtü, Allahümme salli, Allahümme bârik ve Rabbenâ âtinâ duaları okunarak sağa ve sola selâm verilir. Buna Sehiv secdesi denir.

44 - *Hasta olan kişi namazını nasıl kılar?*

Ayakta duramayan veya zorla duran kişi namazını oturarak, buna da gücü yetmiyorsa yatarak ima (baş işareti) ile kılar. İma ile de kılmaya gücü yetmiyorsa namazını sonraya bırakabilir.

45 - *Yolcu namazı nedir ve nasıl kılınır?*

Orta yürüyüşle 18 saatlik (yaklaşık 90 km) bir yere gitmek için bulunduğu yerden yola çıkan kimseye misafir (yolcu) denir. Yolcu, dört rekâtlı farz namazları iki rekât olarak kılar. Sabah namazının iki rekât farzı ile Akşam namazının üç rekât farzını ve Vitir namazını tam olarak kılar. Yolculuk sırasında sünnetler terk edilebilir.

46 - *Cuma namazı ne zaman kılınır ve kimlere farzdır?*

Cuma namazı: Cuma günü öğle namazının vaktinde kılınır.

1) Erkek olanlara,
2) Kör, kötürüm ve yatalak hasta olmayanlara,
3) Hür ve serbest olanlara,
4) Yolcu olmayanlara farzdır.

Kadınlar da Cuma namazı kılabilirler. Kıldıkları takdirde Öğle namazı kılmaları gerekmez.

47 - *Cuma namazı kaç rekâttır?*

Cuma namazı 10 rekâttır. Dördü ilk sünnet, ikisi farz, dördü de son sünnettir.

48 - Cenâze namazı nasıl bir namazdır?

Ölen müslümanlar için dua niyeti ile rukûsuz ve secdesiz kılınan farz-ı kifâye bir namazdır.

49 - Terâvih namazı nedir?

Ramazan ayında, Yatsı namazı ile Vitir namazı arasında kılınan 20 rekâtlık sünnet bir namazdır.

50 - Müslümanların yılda kaç dinî bayramları vardır?

İki dinî bayramları vardır:

1) Ramazan Bayramı,
2) Kurban Bayramı.

51 - Bayram namazı kimlere vâcibtir ve kaç rekâttır?

Cuma namazı farz olan kimselere, Bayram namazı kılmak vâcibtir. Bayram namazı iki rekâttır. Cemaatle kılınır.

52 - Camilere girerken nelere dikkat etmeliyiz?

Camilere girerken:

1) Soğan ve sarımsak gibi kötü kokulu şeyler yememeliyiz;
2) Temiz elbise ve çoraplarımızla girmeliyiz;
3) Yüksek sesle konuşarak başkalarını rahatsız etmemeliyiz;
4) Cep telefonlarımızı kapatmalıyız.

53 - Teşrik tekbirini okuyunuz.

"Allahü Ekber Allahü Ekber, lâ ilâhe illâllahü vellahü Ekber, Allahü Ekber ve lillâhil hamd."

54 - Teşrik tekbiri ne zaman okunur? Hükmü nedir?

Teşrik tekbiri: Kurban bayramının bir gün öncesi olan Arefe günü Sabah namazında başlayarak Bayramın dördüncü günü İkindi namazına kadar geçen 23 vakitte farz namazların hemen arkasından okunur. Hükmü vâcibtir.

55 - *Oruç ne demektir?*

Oruç: Sahur vaktinden itibaren Akşam namazına kadar geçen süre içerisinde, sırf Allah rızası için yemek, içmek ve karı koca ilişkilerinden uzak durmak suretiyle yapılan bir ibadettir.

56 - *Oruç kimlere farzdır?*

Müslüman, akıllı ve ergenlik çağına ulaşmış herkese farzdır.

57 - *Oruç tutmanın ne gibi faydaları vardır?*

Oruç:

1) İnsanın ahlâkını güzelleştirir,
2) Merhamet ve yardım duygularını geliştirir,
3) Nimetlerin kıymetini öğretir,
4) Sabırlı olmayı öğretir,
5) Duygularımıza ve irademize hâkim olmayı öğretir.

58 - *İmsak, Sahur ve İftar ne demektir?*

1) İmsak: Oruca başlama vaktidir.
2) Sahur: İmsak vakti öncesi gecenin bir bölümünde kalkıp bir şeyler yiyip içmek demektir.
3) İftar: Oruç yasaklarının sona erdiği vakittir.

59 - *Oruç çeşitleri nelerdir?*

Başlıca üç çeşit oruç vardır.

Farz olan oruçlar:

1) Ramazan orucu,
2) Ramazan orucunun kazası,
3) Keffâret orucu (Ramazan ayında bilerek bozulan orucun cezası).

Vâcip olan oruçlar:

1) Adak orucu,
2) Bozulan nâfile orucun kazası.

Nâfile oruçlar:

Farz ve Vâcip oruçlar dışında, gönüllü olarak, Allah rızası için tutulan oruçlardır.

60 - Dinimizde oruç tutulması yasak olan günler hangileridir?

Oruç tutulması yasak olan günler:

1) Ramazan bayramının birinci günü,
2) Kurban bayramının 1. 2. 3. ve 4. günleri.

61 - Kimler oruç tutmayabilir?

Oruç tutmayabilenler:

1) Yolcular,
2) Hamile olan veya küçük çocuğunu emziren hanımlar,
3) Oruç tutmaya gücü yetmeyecek kadar yaşlanmış kimseler,
4) Oruç tutamayacak kadar hasta olanlar,
5) Açlık veya susuzluktan dolayı öleceğinden, beden ve ruh sağlığının bozulacağından endişe edenler.

62 - Orucu bozan şeyler nelerdir?

Orucu bozan şeyler:

1) Bilerek yemek içmek,
2) Bilerek cinsel ilişkide bulunmak,
3) Kendi isteği ile ağız dolusu kusmak,
4) İftar vakti girmediği halde iftar oldu zannederek orucunu bozmak,
5) İmsak vakti geçtiği halde daha vakit var zannederek yemeye içmeye devam etmek.

63 - Ramazan ayında kasten oruç bozmanın cezası nedir?

Ramazan'da kasten oruç bozmanın cezası:

1) İki ay peş peşe oruç tutmak,
2) Oruç tutamayacak durumda ise fakirlere 60 günlük yiyecek ikram etmek.

64 - *Orucu bozmayan şeyleri sayınız.*

Şunlar orucu bozmaz:

1) Unutarak yemek içmek (hatırladığı anda bırakır),
2) Ağıza gelen balgamı yutmak,
3) İstemeyerek kusmak,
4) Kulağına su kaçmak,
5) Kan aldırmak,
6) Dişlerin arasında kalan nohut tanesinden küçük bir şey yutmak,
7) Başkasına kötü söz söylemek ve gıybet etmek gibi yanlış davranışlar orucu bozmaz. Ancak orucun sevabını azaltır.

65 - *Fidye ne demektir?*

Oruç tutmaya gücü yetmeyen yaşlıların ve iyileşme ümidi olmayan hastaların oruç tutamadıkları günler sayısınca sabah akşam bir fakiri doyurmalarıdır.

66 - *Dua nedir?*

İnsanın maddî ve manevî istek ve ihtiyaçlarını her hangi bir aracı olmaksızın doğrudan Allahü Teâlâ'ya arz edip yalvarması, dileğini yerine getirilmesini dilemesidir.

67 - *Tövbe nedir?*

İşlenmiş bir günaha pişman olup bir daha işlemeyeceğine dair Cenâb-ı Hakk'a söz vermek ve O'ndan af dilemektir.

68 - *Tövbenin kabul olmasının şartları nelerdir?*

Tevbenin kabul olmasının şartları:

1) Günahı terk etmek,
2) Yaptığına pişman olmak,
3) Bir daha o günaha dönmemek.

69 - Zekât ne demektir?

Zekât: Dinî ölçülere göre zengin sayılan Müslümanların, yılda bir defa mallarının ve paralarının kırkta birini fakirlere vermeleridir.

70 - Dinî ölçülere göre kimler zengin sayılır?

Temel ihtiyaçlarından ve borçlarından başka, dinimizin zenginlik ölçüsü kabul ettiği nisap miktarı mala veya paraya sahip olan kimseler zengin sayılır.

71 - Zekât kimlere verilir?

Zekât:

1) Dinen zengin sayılmayan kimselere,
2) Hiç malı mülkü olmayanlara,
3) Borçlulara,
4) Parası olmayan yolculara,
5) Allah rızası için dini, ülkesi ve milleti uğruna savaşanlara zekât verilir.

72 - Zekât kimlere verilmez?

Zekât:

1) Ana ve babaya, büyük anne ve büyük babaya,
2) Çocuğa ve toruna,
3) Eşe (karı koca birbirlerine),
4) Zengine verilmez.

73 - Sadaka nedir?

Sadaka: Ekonomik durumu elverişli olan müslümanların, Allah'ın rızasını kazanmak maksadı ile ihtiyaç sahiplerine yardımda bulunmalarıdır.

74 - Fıtır sadakası (Fitre) nedir?

Fıtır sadakası (Fitre): Müslümanların Ramazan ayında, Bayram namazına kadar fakirlere vermeleri gereken para veya maldır.

75 - *Hac ne demektir?*

Mekke şehrindeki Kâbe'yi ve civarında bulunan kutsal bazı yerleri hac zamanında usûlüne uygun olarak ziyaret etmek demektir.

76 - *Hac kimlere farzdır?*

Hac:

1) Müslüman olanlara,
2) Akıl sahibi olanlara,
3) Ergenlik çağına ulaşanlara,
4) Hür olanlara,
5) Hacca gidiş ve dönüş masraflarını karşılayacak kadar varlıklı olanlara farzdır.

77 - *Haccın farzları nelerdir?*

Haccın farzları:

1) İhrama girmek,
2) Kâbe'yi tavaf etmek,
3) Arafat'ta vakfeye durmaktır.

78 - *Umre nedir?*

Umre: Belli bir zamana bağlı olmaksızın usûlüne göre ihrama girdikten sonra Kâbe'yi tavaf etmek, sa'y yapmak ve traş olmak suretiyle yapılan bir ibadettir.

79 - *Kurban nedir? Kimler kurban keser?*

Kurban:

Şartlarını taşıyan bir hayvanı (koyun, keçi, sığır, manda veya deve) ibadet niyetiyle belli bir vakitte Allah rızası için kesmektir.

Müslüman olanlar, akıl sağlığı yerinde olanlar, ergenlik çağına ulaşanlar, hür olanlar, yolcu olmayanlar, zenginlik ölçüsünde paraya veya mala sahip olanlar kurban keserler.

80 - Adak kurbanı nedir?

Herhangi bir amaç ve niyetle Allah adına kurban kesmeyi adayanların, arzuları gerçekleştikten sonra kesmeleri vâcip olan kurbandır.

81 - Akika kurbanı nedir?

Çocuğu dünyaya gelen kimselerin Allah'a şükür olsun diye kestikleri kurbandır. Akika kurbanının etinden herkes yiyebilir.

82 - Yemin nedir? Yemin etmek neyi gerektirir?

Yemin: Söylediğine karşısındakini inandırmak veya kararının kesin olduğunu belirtmek maksadıyla Allah'ın adını anarak söylenen sözdür. Vallahi, Billâhi gibi.

Yemin etmek:

1) Yanlışlıkla yapılırsa herhangi bir şey gerektirmez;
2) Bile bile yalan yere yapılırsa tövbe etmeyi gerektirir;
3) Gelecekte bir işi yapacağına veya yapmayacağına dair olur da yerine getirilmezse keffâreti gerektirir.

83 - Yeminin keffâreti ne kadardır?

Yeminini bozanların, on fakiri giydirmeleri veya on fakire birer fitre miktarı para vermeleri gerekir. Bunları yapacak kadar parası olmayanlar arka arkaya üç gün oruç tutarlar.

TEŞEKKÜR OLSUN DİYE

Resûl-i Ekrem Efendimiz Allah tarafından seçilmiş ve bütün insanlara son peygamber olarak gönderilmiştir. O, peygamber olarak gönderildiği 40 yaşına kadar tertemiz bir hayat yaşadı. Bir olan Allah'a inandı ve O'na ibadet etti. O günkü insanların değer verdiği putlara hiç itibar etmedi. Yaşadığı gençlik hayatı boyunca yüzünü kızartacak ahlâk dışı hiçbir davranışı olmadı.

Peygamberlikle görevlendirildikten sonra ise zaten Allahü Teâlâ tarafından korunur olmuştu. Günah işlemesi söz konusu değildi. Bir hata işleyecek olsa, anında melek gelir, hatırlatır ve hataya düşmesini önlerdi. Kısacası o, günahı olmayan ve her yönüyle affedilen bir kişi idi.

Böyle olmasına rağmen Efendimiz çokça ibadet eder, kulluk görevini fazlasıyla yerine getirmeye çalışırdı. Özellikle gece ibadetine çok önem verirdi. Bazen uzun zaman ayakta kalır, bundan dolayı ayakları şişerdi. Onun, günah korkusuyla veya bağışlanma arzusuyla ibadet ettiğini düşünen sevgili eşi Hz. Âişe buna çok üzülüyordu. Bundan dolayı bir defasında ona şunu deme ihtiyacı hissetti:

-- "Yâ Resûlallah! Allah senin geçmişte yaptığın, gelecekte yapabileceğin bütün hatalarını bağışladığı halde kendini niçin bu kadar yoruyorsun?"

Bu soruya Efendimiz şu anlamlı cevabı verdi:

-- "Ey Âişe! Ben Allah'a şükreden bir kul olmayayım mı?"

Allah Resûlü bu vecîz sözüyle bize şunu öğretiyor:

"İbadet sadece affedilmek ve cennete girmek için yapılmaz. Allah bize hayat gibi, akıl gibi, sağlık gibi, güç - kuvvet gibi, mal - mülk gibi nimetler başta olmak üzere sayısız nimeti karşılıksız olarak vermiştir. Bunlara teşekkür olsun diye her insanın mutlaka Allah'a ibadet etmesi gerekir."

ÜÇÜNCÜ BÖLÜM

SİYER

1 - *Siyer-i Nebî ne demektir?*

Siyer-i Nebî: Peygamber Efendimiz Hz. Muhammed'in hayatını konu edinen bilgi alanıdır.

2 - *Peygamber Efendimiz ne zaman ve nerede dünyaya geldi?*

20 Nisan 571 tarihinde, Rebîulevvel ayının 12. gecesine rastlayan Pazartesi günü tan yeri ağarırken Mekke'de dünyaya gelmiştir.

3 - *Peygamber Efendimiz hangi kabiledendir?*

Kureyş kabilesinin Hâşimoğulları kolundandır.

4 - *Peygamber Efendimizin annesi, babası, dedesi ve sütannesinin adları nelerdir?*

Peygamber Efendimizin:

1) Annesi : Âmine,
2) Babası : Abdullah,
3) Dedesi : Abdülmuttalip,
4) Süt annesi : Halîme'dir.

5 - *Peygamber Efendimizin en çok bilinen isimleri hangileridir?*

Peygamber Efendimizin en çok bilinen isimleri şunlardır:

1) Muhammed,
2) Mustafâ,
3) Ahmed,
4) Mahmûd.

6 - *Peygamber Efendimiz kimlerin himâyesinde büyüdü?*

Peygamber Efendimiz, doğumundan iki ay önce babası vefat ettiği için yetim olarak dünyaya gelmiştir. Mekke'deki geleneksel uygulamaya göre, doğan çocuklar süt anneye verilirdi. Efendimiz de, bu geleneğe uyularak süt annesi Hz. Halîme'ye verildi ve 5 yaşına kadar onun yanında kaldı. 6 yaşında iken annesinin vefat etmesi üzerine 8 yaşına kadar dedesi Abdülmuttalib'in, dedesinin vefatından sonra ise amcası Ebû Tâlib'in himâyesinde büyüdü.

7 - *Peygamber Efendimiz ilk evliliğini kaç yaşında ve kiminle yaptı?*

Peygamber Efendimiz ilk evliliğini 25 yaşında iken Hz. Hatice ile yaptı.

8 - *Hz. Hatice kimdir?*

Hz. Hatice:

1) Peygamber Efendimizin ilk eşidir;
2) Peygamber Efendimize ilk iman edendir;
3) Peygamber Efendimize maddî ve manevî en büyük desteği verendir,
4) Peygamber Efendimizin oğlu İbrahim hariç bütün çocuklarının annesidir.

9 - *Peygamber Efendimizin kaç çocuğu olmuştur ve isimleri nelerdir?*

Peygamber Efendimizin yedi çocuğu olmuştur:

1) Erkek çocukları : Kâsım, Abdullah, İbrahim;
2) Kız çocukları : Ümmü Gülsüm, Rukiye, Zeyneb ve Fâtıma.

10 - *Hz. Peygamber'e peygamberlik hangi tarihte, kaç yaşında ve nerede gelmiştir?*

Milâdî 610 tarihinde, 40 yaşındayken Mekke yakınındaki Nur dağında bulunan Hira mağarasında gelmiştir.

11 - *İlk Müslümanlar kimlerdir?*

İlk müslümanlar şunlardır:

1) Hanımlardan : Hz. Hatice,
2) Büyüklerden : Hz. Ebû Bekir,
3) Çocuklardan : Hz. Ali,
4) Kölelerden : Hz. Zeyd bin Hârise.

12 - *Peygamber Efendimize en çok düşmanlık yapanlar kimlerdir?*

Peygamber Efendimize en çok düşmanlık yapanlar:

1) Ebû Leheb,
2) Ebû Cehil,
3) Velîd bin Muğîre,
4) Ümeyye bin Halef,
5) Utbe bin Rebîa,
6) Âs bin Vâil'dir.

13 - *İslâm'ın yayılması kimlerin müslüman olmasıyla hız kazanmıştır?*

İslâm'ın yayılması:

1) Hz. Hamza,
2) Hz. Ömer'in müslüman olmasıyla hız kazanmıştır.

14 - *Hüzün yılı nedir?*

Hüzün yılı "üzüntü yılı" demektir. Efendimizin eşi Hz. Hatice ile amcası Ebû Tâlib'in vefat yılı olan peygamberliğin 10. yılına verilen isimdir.

15 - *İsrâ ve Mirac olayı nedir ve ne zaman olmuştur?*

İsrâ ve Mirac:

1) İsrâ: Peygamber Efendimizin bir gece Cebrâil (a.s.) tarafından Mekke'deki Mescid-i Haram'dan alınıp Kudüs'te bulunan Mescid-i Aksâ'ya götürülmesidir.
2) Mirac: Kudüs'ten Allahü Teâlâ'nın huzuruna yükseltilmesidir.
3) Bu olay, hicretten bir buçuk yıl kadar önce Receb ayının 27. gecesi cereyan etmiştir.

16 - *Peygamber Efendimize Mirac'da verilen hediyeler nelerdir?*

Mirac'da verilen hediyeler:

1) Beş vakit namaz,
2) Bakara sûresinin son iki âyeti (Âmenerrasûlü),
3) Ümmetinden Allah'a şirk koşmayanların cennete gireceği müjdesi.

17 - Hz. Âişe Kimdir?

Hz. Âişe:
1) Peygamber Efendimizin eşidir,
2) Hz. Ebû Bekir'in kızıdır;
3) İlmiyle, zekâsıyla ve bizlere birçok hadis ulaştırmasıyla tanınmıştır.

18 - Hicret nedir?

Peygamber Efendimizin ve müslümanların milâdî 622 yılında Mekke'den Medîne'ye göç etmeleri olayıdır.

19 - Peygamber Efendimiz ve ilk müslümanların hicret sebepleri nelerdir?

Hicret sebepleri:
1) Müşriklerin zulüm ve işkencelerinin artması,
2) Mekke'de İslâm'ı yaşama ve yayma imkânının kalmaması,
3) Medîneli müslümanların yaptığı davet.

20 - Peygamber Efendimizin Hicret esnasındaki yol arkadaşının ve saklandıkları mağaranın ismi nedir?

Yol arkadaşı Hz. Ebu Bekir, saklandıkları mağara ise Sevr mağarasıdır.

21 - Peygamber Efendimiz Medîne'de kimin evinde kalmıştır?

Ebû Eyyûb el-Ensârî'nin evinde kalmıştır. Ebû Eyyûb el-Ensârî'nin kabri, bugün İstanbul'da kendi adıyla anılan Eyüp Sultan semtinde bulunmaktadır.

22 - İslâm tarihinde ilk inşâ edilen mescid hangisidir?

Peygamber Efendimiz'in Medine'ye hicret ederken yaptırdığı Medine yakınındaki Kubâ Mescidi.

23 - İlk Cuma namazı ne zaman ve nerede kılınmıştır?

Peygamber Efendimiz Medîne'ye hicret ederken, Medîne yakınlarında bulunan Ranûnâ vadisine geldiklerinde Cuma namazı emredilmiş ve ilk Cuma namazı burada kılınmıştır.

24 - Muhâcir ve Ensâr kime denir?

Muhâcir ve Ensâr:

1) Muhâcir: Mekke'den Medîne'ye göç eden müslümanlara denir.
2) Ensâr: Medîne'ye göç eden Muhâcirlere yardım eden Medîneli müslümanlara denir.

25 - Sahâbe kime denir?

Hz. Peygamber'i sağlığında gören, ona iman eden ve inancını koruyarak vefat eden kimselere denir.

26 - İslâm tarihinde ilk açılan eğitim ve öğretim kurumu hangisidir?

Peygamber Efendimizin bizzat yapımında çalıştığı ve öğretmenliğini yaptığı ilk yatılı okul olan Medine Camii bitişiğindeki Suffe'dir. Burada eğitim görenlere Ashâb-ı Suffe denir.

27 - Peygamber Efendimizin en önemli savaşları hangileridir?

Peygamber Efendimiz ve müslümanlar Medîne'ye göç ettikten sonra kendilerini rahat bırakmayan müşriklerle savaşmak zorunda kalmışlardır. En önemli savaşları şunlardır:

1) Bedir Savaşı : 624 yılında,
2) Uhud Savaşı : 625 yılında,
3) Hendek Savaşı : 627 yılında.

28 - *Peygamber Efendimizin yaptığı savaşların amacı nedir?*

Peygamber Efendimizin yaptığı savaşların amacı:

1) Allah'ın adını yüceltmek,
2) Düşman saldırılarını önlemek,
3) Özgürlükçü bir din ve inanç ortamı oluşturmak,
4) Müslümanların can ve mallarını korumaktır.

29 - *Peygamber Efendimiz hangi devlet başkanlarına elçi ve İslâm'a davet mektubu göndermiştir?*

Bizans, İran, Mısır, Habeşistan, Umman ve Bahreyn devlet başkanlarına.

30 - *Mekke kaç yılında fethedildi? Efendimizin müşriklere karşı davranışı nasıl oldu?*

Mekke 630 yılında fethedildi. Fetihten sonra Peygamber Efendimiz yıllarca kendisine ve Müslümanlara kötülük eden müşrikleri topladı ve onlara "Gidiniz, serbestsiniz" buyurarak hepsini affetti.

31 - *Mescid-i Nebevî neredededir?*

Mescid-i Nebevî (Peygamber Camii) Medîne'dedir. Hicretten hemen sonra yapılmıştır.

32 - *Vedâ haccı ve Vedâ hutbesi hakkında bilgi veriniz.*

Vedâ haccı: Peygamber Efendimizin 632 yılında yaptığı tek haccıdır. Bu hac esnasında Efendimiz Arafat'ta 100.000'den fazla sahâbîsine hitaben meşhur Vedâ hutbesini okumuştur.

33 - *Vedâ hutbesinde yer alan bazı hükümleri sayınız.*

Vedâ hutbesinde yer alan bazı hükümler:

1) İslâmiyet'ten önceki bütün câhiliye gelenekleri kaldırılmıştır;
2) Bütün insanlar eşittir;
3) İnsanların can, mal ve namusları dokunulmazdır;

4) Emanetler sahibine verilmelidir;
5) Tefeciliğin ve faizin her türlüsü haramdır;
6) Kan davaları kaldırılmıştır;
7) Erkekler kadınların, kadınlar da erkeklerin haklarına riâyet edecektir;
8) Hem erkek, hem kadın zinadan kaçınacaktır;
9) Bütün müslümanlar kardeştir;
10) Hizmetçilere iyi davranılacaktır.

34 - Peygamber Efendimizin peygamberliği kaç yıl sürmüştür?

13 yılı Mekke'de, 10 yılı Medîne'de olmak üzere 23 yıl sürmüştür.

35 - Peygamber Efendimiz kaç yılında, nerede ve kaç yaşında vefat etti?

Peygamber Efendimiz hicretin 11. senesinde, milâdî takvime göre 632 yılında Medîne'de 63 yaşında vefat etti.

36 - Peygamber Efendimizin kabri neredir ve buraya ne ad verilir?

Medîne'de Mescid-i Nebevînin içindedir. Kabrinin bulunduğu yere "Ravza-i mutahhara"(temiz bahçe) denilir.

37 - Ehl-i Beyt kime denir?

Peygamber Efendimizin aile fertleri ve bunların soyundan gelenlere denir.

38 - Peygamber Efendimizin nesli kiminle devam etmiştir?

Peygamber Efendimizin nesli, kızı Hz. Fâtıma ve amcasının oğlu Hz. Ali'nin evliliklerinden dünyaya gelen oğulları Hz. Hasan ve Hz. Hüseyin ile devam etmiştir.

39 - Aşere-i mübeşşere kime denir?

Dünyada iken cennetle müjdelenen 10 sâhabîye denir.

40 - Aşere-i mübeşşerenin isimlerini sayınız.

Aşere-i mübeşşere şunlardır:

1) Hz. Ebû Bekir,
2) Hz. Ömer,
3) Hz. Osman,
4) Hz. Ali,
5) Hz. Talha bin Ubeydullah,
6) Hz. Zübeyr bin Avvâm,
7) Hz. Ebû Ubeyde bin Cerrâh,
8) Hz. Sa'd bin Ebî Vakkâs,
9) Hz. Abdurahmân bin Avf,
10) Hz. Saîd bin Zeyd.

41 - Asr-ı saâdet ne demektir?

Resûlüllah Efendimiz'in şereflendirdiği altın çağa Asr-ı saâdet (mutluluk asrı) denir.

42 - Hz. Peygamber'den sonra gelen dört büyük halifenin isimlerini ve görev sürelerini sırası ile söyleyiniz.

Dört büyük halife ve görev süreleri:

1) Hz. Ebû Bekir	: 2 yıl,
2) Hz. Ömer	: 10 yıl,
3) Hz. Osman	: 12 yıl,
4) Hz. Ali	: 5 yıl.

BİR GECE

On dört asır evvel, yine bir böyle geceydi,
Kumdan, ayın on dördü, bir öksüz çıkıverdi!
Lâkin, o ne hüsrandı ki: Hissetmedi gözler;
Kaç bin senedir, halbuki, bekleşmedelerdi!
Nerden görecekler? Göremezlerdi tabiî:
Bir kerre, zuhur ettiği çöl en sapa yerdi;
Bir kerre de, mâ'mûre-i dünyâ, o zamanlar,
Buhranlar içindeydi, bugünden de beterdi.
Sırtlanları geçmişti beşer yırtıcılıkta;
Dişsiz mi bir insan, onu kardeşleri yerdi!
Fevzâ bütün âfâkını sarmıştı zemînin,
Salgındı, bugün Şark'ı yıkan, tefrika derdi.

Derken, büyümüş, kırkına gelmişti ki öksüz,
Başlarda gezen kanlı ayaklar suya erdi!
Bir nefhada insanlığı kurtardı o ma'sûm,
Bir hamlede kayserleri, kisrâları serdi!
Aczin ki, ezilmekti bütün hakkı, dirildi;
Zulmün ki, zeval aklına gelmezdi, geberdi!
Âlemlere, rahmetti, evet, şer'-i mübîni,
Şehbâlini adl isteyenin yurduna gerdi.
Dünya neye sahipse, onun vergisidir hep;
Medyûn ona cem'iyyeti, medyûn ona ferdi.
Medyûndur o ma'sûma bütün bir beşeriyyet...
Yâ Rab, bizi mahşerde bu ikrar ile haşret!

Mehmet Akif ERSOY

DÖRDÜNCÜ BÖLÜM

AHLÂK

1 - Ahlâk nedir?

Ahlâk: İnsanın ruhuna ve kişiliğine yerleşen alışkanlıklardır. İki kısma ayrılır:

1) Güzel ahlâk,
2) Kötü ahlâk.

2 - Güzel ahlâk nasıl tanımlanır?

Allah ve Resûlünün emir ve tavsiye ettiği, diğer insanların da yapılmasından hoşlandığı güzel söz ve davranışlara güzel ahlâk denir. Büyüklere saygı göstermek, güler yüzlü olmak, doğru konuşmak, canlılara merhamet etmek gibi.

3 - Güzel ahlâk kişiye ve topluma neler kazandırır?

a) Kişiye kazandırdıkları:

1) Kişiyi Allah'a yaklaştırır;
2) Kendi iç huzurunu sağlayıp toplumdaki saygınlığını artırır;
3) Aile yapısını güçlendirir;
4) Bu dünyada kazandıklarının yanı sıra âhiret kazancı da sağlar.

b) Topluma kazandırdıkları:

1) Toplumsal huzuru ve barışı sağlar;
2) Toplumu saygın kılar.

4 - Kötü ahlâk nasıl tanımlanır?

Allah'ın yasak ettiği, Peygamber Efendimizin razı olmadığı, insanların zarar gördüğü kötü işlere, çirkin söz ve davranışlara kötü ahlâk ya da ahlâksızlık denir. Yalan söylemek ve hırsızlık yapmak gibi.

5 - *En güzel ahlâk örneğimiz kimdir?*

En güzel ahlâk örneğimiz Peygamber Efendimizdir. Allahü Teâlâ Kur'ân-ı Kerîm'de: "Allah'ın Resûlünde sizin için (uyulması gereken) güzel örnekler vardır" (Ahzâb, 33/21) buyurmaktadır.

Hz. Âişe'ye Peygamber Efendimizin güzel ahlâkı sorulduğunda şöyle cevap vermişti: "Onun ahlâkı Kur'an'dır."

6 - *Peygamber Efendimizin güzel ahlâkından beş tane örnek veriniz.*

Peygamber Efendimiz:

1) Yalan söylemezdi,
2) Çok cömertti,
3) Merhametli idi,
4) Alçak gönüllü idi,
5) Bütün insanları, bilhassa çocukları çok severdi.

7 - *Ahlâkî görevlerimiz kaça ayrılır?*

Ahlâkî görevlerimiz ikiye ayrılır:

1) Allah'a ibadet etmek,
2) Allah'ın yarattıklarına şefkat ve merhamet göstermek.

8 - *Allah'a karşı görevlerimiz nelerdir?*

1) Allah'ın varlığına ve birliğine inanmak;
2) İbadet etmek;
3) Emrettiklerini yapıp yasak ettiklerinden sakınmak;
4) Allah sevgisini her şeyden üstün tutmak;
5) O'nun adını saygı ile anmak;
6) Verdiği nimetlere şükretmek.

9 - Peygamberimize karşı görevlerimiz nelerdir?

1) Onun son peygamber olduğuna inanmak;
2) Onu çok sevmek, ismi anıldığında salavât-ı şerîfe okumak;
3) Sünnetlerini uygulamak;
4) Güzel ahlâkını kendimize örnek almak.

10 - Salavât-ı şerîfeyi söyleyiniz.

Allahümme salli alâ Muhammedin ve alâ âli Muhammed.

11 - Kur'ân'a karşı görevlerimiz nelerdir?

1) Kur'ân-ı Kerîm'in son kitap olduğuna inanmak;
2) Usulüne uygun olarak okumak;
3) Manâsını anlamaya çalışmak;
4) Okurken ve dinlerken son derece saygılı olmak;
5) Yap dediklerini yapmak, yapma dediklerinden sakınmak.

12 - Kendi şahsımıza karşı görevlerimiz nelerdir?

Şahsımıza karşı görevlerimiz ikiye ayrılır:

a) Bedenimize karşı görevlerimiz:

1) Dengeli ve helâlinden beslenmek,
2) Sağlığı korumak,
3) Temiz olmak.

b) Ruhumuza karşı görevlerimiz:

1) Ruhumuzu yanlış inançlardan temizlemek,
2) Faydalı bilgilerle donatmak,
3) Kötü düşünce ve huylardan arındırmak,
4) Güzel huylarla süslemek.

13 - Ana babamıza karşı görevlerimiz nelerdir?

1) Onlara karşı güler yüzlü ve tatlı sözlü olmak;
2) Allah'a isyana davet etmedikleri sürece emirlerini dinlemek;
3) Yaşlandıklarında bakımlarını üstlenmek;
4) Öldüklerinde onları rahmetle anmak.

14 - Anne ve babaların çocuklara karşı görevleri nelerdir?

1) Onlara güzel bir isim vermek;
2) Ruh ve beden yönünden sağlıklı yetiştirmek ve haram yedirmemek;
3) İyi bir eğitim verip örnek bir insan olarak yetiştirmek;
4) Onlara sevgi ile yaklaşmak ve adaletli davranmak.

15 - Eşlerin birbirlerine karşı görevleri nelerdir?

1) Her konuda birbirlerine yardımcı olmalıdırlar;
2) Kazançlarını israf etmemelidirler;
3) Çocukların eğitim ve öğretimiyle birlikte ilgilenmelidirler;
4) Saygı ve sevgide kusur etmeyip birbirlerine karşı, nazik ve yumuşak olmalılar.

16 - Hısım ve akrabalara karşı görevlerimiz nelerdir?

1) Zaman zaman ziyaretlerine gidip hal ve hatırlarını sormak;
2) Yardıma muhtaç olanlara yardım etmek;
3) Sıkıntılı anlarında yanlarında olmak.

17 - Komşularımıza karşı görevlerimiz nelerdir?

1) Selâmlaşmak,
2) İyi geçinmek,
3) Haklarını gözetmek,
4) İyi ve kötü günlerinde yanlarında olmak.

18 - *Bir müslüman diğer bir müslümanın öldüğünü duyduğu zaman ne demesi gerekir?*

"İnnâ lillâhi ve innâ ileyhi râciûn = Allah'tan geldik, yine O'na döneceğiz" ve "Allah rahmet etsin" demesi gerekir.

19 - *Bir müslüman diğer bir müslümanın hapşırdığını duyduğu zaman ne demelidir?*

Hapşıran : Elhamdülillâh (Allah'a hamd olsun).

Duyan: Yerhamükellah (Allah sana rahmetiyle muamele etsin).

Hapşıran : Yehdînâ ve yehdîkümüllah (Allah bizi ve sizi doğruya iletsin).

20 - *Vatanımıza karşı görevlerimiz nelerdir?*

Vatanımıza karşı görevlerimiz

1) Vatanımızı sevip, iç ve dış düşmanlara karşı korumalıyız;
2) Vatanımızın gelişmesi için çok çalışmalıyız;
3) Yıkıcı ve bölücü davranışlara karşı uyanık olmalıyız;
4) Ülkemizi bilim ve teknolojide geliştirmeliyiz;
5) Vergilerimizi tam vermeliyiz;
6) Kamu mallarını korumalıyız.

21 - *Şehit ve gazi kime denir? Şehit olmakla ilgili bir âyet meâli söyleyiniz.*

Allah yolunda, din, vatan ve millet uğrunda savaşırken ölenlere şehit, sağ kalanlara gazi denir. Âyette şöyle buyurulur:

"Allah yolunda öldürülenlere ölü demeyiniz, aslında onlar diridirler ama siz farkında değilsiniz." (Bakara, 2/154)

22 - *Müslüman olmayanlara karşı görevlerimiz nelerdir?*

Müslüman olmayanlara karşı görevlerimiz:

1) Onlarla insanî ilişkiler içerisinde yaşamak;

2) Mal ve canlarına dokunmamak;
3) Dinimizi ve kültürümüzü tanıtmak, fakat onların inançlarına ve değerlerine saygılı olmak;
4) Hak ve özgürlüklerine saygılı olmak.

23 - Topluma karşı görevlerimiz nelerdir?

Topluma karşı görevlerimiz:

1) Başkalarının kutsal değerlerine saygılı olmak;
2) Büyüklere saygı, küçüklere sevgi göstermek;
3) Kendimiz için istediğimizi başkası için de istemek;
4) Kamu mallarını korumak. Toplu taşıma araçlarına zarar vermemek, cami, okul, park, bahçe ve benzeri ortak kullanım alanlarını kirletmemek gibi.

24 - Hayvanlara, bitkilere ve doğal çevreye karşı görevlerimiz nelerdir?

Hayvanlara, bitkilere ve doğal çevreye karşı görevlerimiz:

1) Hayvanlara eziyet etmemek, onları korumak;
2) Doğal güzellikleri korumak, onlara zarar verecek davranışlardan sakınmak;
3) Denizleri, gölleri ve ırmakları kirletmemek;
4) Yolda ve çevrede insanlara zarar ve eziyet veren, kötü görünüm sergileyen şeyleri ortadan kaldırmak;
5) Çöpleri sokaklara, rast gele yerlere atmamak ve tükürmemek;
6) Bu kurallara uymayanları uyarmak ve eğitmek.

25 - İslâm ahlâkına uyan müslümanlarda hangi özellikler bulunur?

İslâm ahlâkına uyan Müslüman:

1) İman esaslarına inanıp, inandığı gibi yaşar;
2) Anne ve babasına saygı gösterir;

3) Müslümanları kardeş bilir;
4) Eliyle diliyle kimseyi incitmez;
5) Topluma ve doğal çevresine faydalı bir insan olur;
6) Sigara, alkol ve uyuşturucu madde kullanmaz.

26 - İslâm dininde önemli görülen bazı yasakları söyleyiniz.

1) Allah'a ortak koşmak,
2) Ana babaya itaatsizlik etmek,
3) Haksız yere insan öldürmek,
4) Emanete zarar vermek,
5) Başkalarının malına el uzatmak, ırz ve namusuna göz dikmek,
6) Alkollü ve uyuşturucu madde kullanmak,
7) Kumar oynamak, tefecilik ve faizcilik yapmak.

DEVLETİN MUMU

Hz. Ömer halife (devlet başkanı) olunca, Mekkeli bir dostu onun ziyaretine gelir. Vakit akşam vaktidir.

Hz. Ömer evinde, gündüzden arta kalan devlet işlerini toparlamakla meşguldür.

Dostuna ikramda bulunduktan sonra, biraz beklemesini söyler ve işinin başına döner.

Resmî işler bitince, evde yanmakta olan mumu söndürüp yerine başka bir mum yakar.

Arkadaşı Hz. Ömer'in bu davranışına şaşar ve sebebini sorar.

Hz. Ömer ona şu cevabı verir:

-- Söndürdüğüm mum, hazineye ait olup devletin malıdır. Devletin malı bana ancak devletin ve milletin işleri ile ilgilendiğim sürece helâl olur. Sen bana özel bir ziyaret maksadıyla geldin. Bu ziyaret kişisel bir iş olduğu için, görüşmemizi devletin malı olan mumun ışığında yapmamız doğru değildir. Bu görüşmenin, kendime ait mumun ışığında yapılması gerekir. Yaktığım ikinci mum, benim şahsî paramla aldığım bir mumdur. Bu değişikliği onun için yaptım.

Bu olay bize şunu öğretiyor:

"Devlet malı bütün toplumun ortak malıdır. Bundan dolayı, görevliler tarafından özel işlerde kullanılması doğru değildir. Devlet malını özel işlerinde kullanan görevliler, başkalarının hakkına el uzatmış, dolayısıyla harama bulaşmış olurlar."

BEŞİNCİ BÖLÜM

GENEL KÜLTÜR

1 - ***Vatan nedir?***

Üzerinde hür ve bağımsız olarak yaşadığımız; uğrunda atalarımızın canlarını verdiği, kanlarını döktüğü toprağa vatan denir. Vatan sevgisi kutsaldır ve imandandır.

2 - ***Bayrak nedir?***

Bir ülkenin, bir milletin özgürlük ve bağımsızlığının sembolüdür.

3 - ***Ülkemizde din hizmetlerini yürüten kurum hangisidir?***

Diyanet İşleri Başkanlığı.

4 - ***Diyanet İşleri Başkanlığı ne zaman kim tarafından kurulmuştur?***

Diyanet İşleri Başkanlığı, 3 Mart 1924'te Mustafa Kemal ATATÜRK ve arkadaşları tarafından kurulmuştur.

5 - ***İlk Diyanet İşleri Başkanı kimdir?***

Mehmet Rıfat BÖREKÇİ.

6 - ***Şu anki Diyanet İşleri Başkanı kimdir?***

Prof. Dr. Ali BARDAKOĞLU.

7 - ***Diyanet İşleri Başkanlığının görevleri nelerdir?***

Diyanet İşleri Başkanlığının görevleri:

1) İslâm dininin inanç, ibadet ve ahlâk esasları ile ilgili işlerini yürütmek;
2) Din konusunda toplumu aydınlatmak;
3) İbadet yerlerini yönetmek.

8 - ***Müftü kimdir? Görevi nedir? Şu andaki İstanbul Müftüsü kimdir?***

İl ve ilçelerde din işlerine bakan yöneticidir. Cami ve Kur'ân Kurslarındaki faaliyetlerin yürütülmesini ve denetlenmesini sağlar. Halkı dinî konularda bilgilendiren makamdır.

Şu andaki İstanbul Müftüsü: Prof. Dr. Mustafa ÇAĞRICI

9 - *Vâiz ve Vâize kimdir? Görevleri nelerdir?*

Diyanet İşleri Başkanlığı tarafından görevlendirilen, daha çok camilerde halkı din konularında aydınlatmak için konuşmalar yapan bay ve bayan görevlidir.

10 - *Kur'an Kursu öğreticisi kimdir? Görevi nedir?*

Diyanet İşleri Başkanlığı tarafından Kur'an Kurslarında ders vermek üzere görevlendirilen öğreticidir. Görevi, Kur'ân-ı Kerîm'i ve dinî bilgileri usulüne uygun olarak uygulamalı bir şekilde öğretmektir.

11 - *İmam kimdir? Görevi nedir?*

Diyanet İşleri Başkanlığı tarafından camilerde namaz kıldırmak ve halkı din konularında aydınlatmakla görevlendirilen kişidir.

12 - *Müezzin kimdir? Görevi nedir?*

Diyanet İşleri Başkanlığı tarafından camilerde ezan okumak ve cami ile ilgili diğer görevleri yerine getirmekle görevlendirilen kimsedir.

13 - *Cami ne demektir? Bölümleri nelerdir?*

Cami "toplayan" anlamına gelir. Müslümanların öncelikle namaz kılmak, ayrıca başka sosyal faaliyetlerde bulunmak için bir araya geldikleri topluma açık ibadet yeridir.

Caminin bölümleri:

1) Mihrap: İmamın namaz kıldırdığı, kıble duvarındaki girintili yer;
2) Minber: İmamın Cuma ve Bayram namazlarında hutbe okuduğu merdivenli yer;
3) Mahfel: Caminin giriş ve yan bölümlerinde bulunan asma kat;
4) Kürsü: Vâizin üzerine oturup vaaz verdiği yüksek yer;

5) Minare: Namaz vaktinin geldiğini bildirmek için, camilerde müezzinin ezan okuduğu bir veya birkaç şerefesi olan yüksek ve ince yapı;
6) Alem: Türk-İslâm sanatında cami, medrese, türbe gibi kubbeli yapıların, minare külâhlarının ve sancakların üzerine yerleştirilen hilal şeklinde tepelikler;
7) Şerefe: Minareyi çepeçevre kuşatan ve çıkıntılı olarak yapılan ezan okuma yeri.

14 - *Dinimizde mübarek sayılan günler hangileridir?*

Ramazan Bayramı, Kurban Bayramı, Cuma ve Arefe günleri.

15 - *Mahyâ nedir?*

Mübarek gün ve gecelerde cami minarelerine takılan ışıkla yazılı panolardır.

16 - *Kutsal gecelerimiz hangileridir?*

Kutsal gecelerimiz:

1) Mevlid Kandili: Peygamber Efendimizin doğum gecesi (12 Rebîulevvel);
2) Regâib Kandili: Receb ayının ilk Cuma gecesi;
3) Mirac Kandili: Peygamber Efendimizin Mirac'a çıktığı gece (27 Receb);
4) Berat Kandili: Şaban ayının 15. Gecesi;
5) Kadir Gecesi: Kur'ân-ı Kerîm'in Peygamber Efendimize gönderilmeye başlandığı gece (27 Ramazan);
6) Perşembe'yi Cuma'ya bağlayan gece;
7) Ramazan ve Kurban bayramı geceleri.

17 - *Na't neye nedir?*

Hz. Peygamberi övmek maksadıyla yazılan şiirlere Na't denir.

18 - Mevlid nedir ve kim tarafından yazılmıştır?

Mevlid: Büyük Türk âlim ve şairi Süleyman ÇELEBİ tarafından yazılan, Peygamber Efendimizin doğumunu, üstünlüğünü ve mucizelerini anlatan değerli eserin adıdır. Mevlid okumak, okutmak, dinlemek Türk milletinin önemli özelliklerinden biridir. Bu özellik, milletimizin Peygamber Efendimize olan engin sevgisini ve bağlılığını göstermektedir.

19 - Hicrî takvim ile milâdî takvim arasındaki fark nedir ve hicrî takvimi kim başlatmıştır?

Hicrî takvim, Peygamber Efendimizin Mekke'den Medîne'ye hicretini başlangıç kabul eden ve ay hesabına dayanan takvimdir. Hz.Ömer tarafından başlatılmıştır.

Milâdî takvim ise Hz. İsa'nın doğumuyla başlar ve güneş yılı esasına göre düzenlenmiştir.

20 - Hicrî yılbaşı hangi ay ile başlar?

Muharrem ayı ile başlar.

21 - Halk arasında üç aylar olarak bilinen aylar hangileridir?

Receb, Şaban ve Ramazan aylarıdır.

22 - İslâm'da ruh çağırma var mıdır?

İslâm'da ruh çağırma diye bir şey yoktur. Ruhun bedenden ayrıldıktan sonra dünya hayatına geri geleceği inancı İslâm dinine aykırıdır. Ruh çağırma seansları, dinde yeri olmayan ve insan psikolojisine zarar veren eylemlerdir. Müslüman bu tür şeylere itibar etmez.

23 - Reenkarnasyon nedir? İslam'da böyle bir inanış var mıdır?

Reenkarnasyon: Ölümden sonra ruhun bir başka bedene girmek sureti ile yaşadığına, yani ruh göçüne inanış anlamında kullanılır. İslâm'ın inanç esaslarına aykırı bir inanıştır.

24 - *Hurâfe nedir? Halk arasında yaygın olan hurâfeler nelerdir?*

Dinin aslında olmadığı halde, inanç ve ibadet alanında sonradan icad edilen inanış ve davranışlardır. Halk arasında yaygın olan bazı hurâfeler şunlardır:

1) Falcılık,
2) Yıldız ve burç falı,
3) Kabirlere ip ve bez bağlamak, mum yakmak,
4) Nazar boncuğu takmak,
5) Bazı eşya ve hayvanları uğursuz saymak,
6) Akşam tırnak kesmeyi kötü görmek,
7) Bazı günlerde başlayan işlerin sonu gelmeyeceğine, zararlı olacağına inanmak.

25 - *Kur'ân-ı Kerîm'de bazı özellikleri ile anılan peygamberler hangileridir?*

Kur'ân-ı Kerîm'de bazı özellikleri ile anılan peygamberler:

1) Hz. Yûnus : Görev bilinci ile,
2) Hz. Eyyûb : Sabrı ile,
3) Hz. Yûsuf : Sevgisi ile,
4) Hz. İsa : İnsan sevgisi ile,
5) Hz. Mûsa : Hikmeti ile,
6) Hz. İbrâhim : Allah'ı arayışı ile,
7) Hz. Muhammed : Merhameti ile.

26 - *İstanbul'da kabri bulunan meşhur sahâbî kimdir?*

İstanbul'da kabri bulunan meşhur sahâbî, Efendimiz Medîne'ye hicret ettikten sonra onu yedi ay evinde misafir eden Ebû Eyyûb el-Ensârî'dir. Kabri, kendi adı ile anılan Eyüp Sultan Câmiinin avlusundadır.

27 - *Yeryüzünde kutsal sayılan üç mescid hangileridir?*

Yeryüzünde kutsal sayılan üç mescid:

1) Mescid-i Harâm : Mekke'de,
2) Mescid-i Nebevî : Medîne'de,
3) Mescid-i Aksâ : Kudüs'de.

28 - *İstanbul kaç yılında kim tarafından fethedildi?*

29 Mayıs 1453 yılında Fatih Sultan Mehmed tarafından fethedildi.

29 - *Osmanlı devleti zamanında pek çok cami, medrese, han, hamam ve kervansaray yaparak milletimizin gönlünde taht kuran en büyük ve en ünlü mimarımız kimdir?*

Mimar Sinan'dır.

30 - *Asırlardır hiç durmadan Kur'ân okunan yer neresidir?*

Topkapı Sarayı'nda bulunan Hırka-i Saâdet dairesidir.

31 - *Peygamber Efendimiz bir hadisinde "Dünya kadınlarının efendisi dört kadındır" buyurur. Bu kadınlar kimdir?*

Bu dört kadın şunlardır:

1) Hz. Meryem,
2) Hz. Asiye,
3) Hz. Hatice,
4) Hz. Fâtıma.

32 - *Yunus Emre kimdir?*

1238-1320 yılları arasında yaşamış Anadolu tasavvuf edebiyatının ilk büyük şairi ve Türk şiirinin öncüsüdür. Taptuk Emre tekkesinde hizmet etmiş ve Allah âşığı olmuştur. "Yaratılanı severim yaratanda ötürü" sözü onunla özdeşleşmiştir.

33 - Hoca Ahmet Yesevî kimdir?

Türk mutasavvıflarındandır. Buhârâ'da ders görmüş, Türkler arasında İslâm inancının yerleşmesinde önemli rol oynamıştır. 13. yüzyılda Azerbaycan üzerinden Anadolu'ya geçmiştir. Yalın bir Türkçe ile yazdığı tasavvufî şiirleri *Divân-ı Hikmet* adlı ünlü eserinde derlenmiştir.

34 - Hz. Mevlânâ kimdir?

Büyük bir şair, mutasavvıf, mana eri ve gönül sultanıdır. "Canım tende olduğu sürece Kur'ân'ın kölesiyim. O seçkin Muhammed'in yolunun toprağıyım" demiş ve bütün ömrünü bu felsefeyi yaşamak ve yaymakla geçirmiştir. Konya'da vefat etmiş ve buraya defnedilmiştir. En önemli eseri *Mesnevî*dir. Her yıl Aralık ayında "Şeb-i Arûs" töreniyle Konya'da anılır. İnsanlara şu tavsiyelerde bulunmuştur:

Şefkat ve merhamette güneş gibi ol
Kusurları örtmekte gece gibi ol
Tevâzu ve mahviyette toprak gibi ol
Ya olduğun gibi görün, ya da göründüğün gibi ol.

35 - "Bilelim ki millî benliğini bilmeyen milletler başka milletlere yem olurlar" ve "Ne mutlu Türküm diyene" sözlerini söylemiş, iyi bir eğitim görmüş, yetenekli bir asker olarak yetişmiş ve Türkiye Cumhuriyetini kurmuştur. Vatan sevgisiyle özdeşleşen bu Türk büyüğümüz kimdir?

Mustafa Kemal ATATÜRK.

36 - Hacı Bektaş-ı Velî kimdir?

Anadolunun Türk yurdu olmasında ve müslümanlaşmasında büyük payı bulunan, insana değer veren, sevgi ve hoşgörü ile bakan, güler yüzlü, tatlı dilli, dinine bağlı, ilim ve irfan denizi meşhur bir mutasavvıftır. Kaleme aldığı *Makâlât* isimli eserinde, düşüncelerini âyet ve hadislere dayandırarak açıklamaktadır.

37 - "Esmâ-i Hüsnâ" ne demektir?

Allah'ın güzel isimleri demektir. Cenâb-ı Hakk'ın 99 ismi vardır.

İYİLİĞİN KARŞILIĞI

Devesine binmiş olarak çölü aşmaya çalışan bir bedevî, yolda dudakları susuzluktan kurumuş yaya bir adama rastlamış.

Yaya adam bedevîyi görünce ondan su istemiş. Bedevî de insanlık edip devesinden inmiş ve ona su vermiş.

Kana kana su içen adam susuzluğunu giderdikten sonra, birden bedevîyi itmiş ve deveye atladığı gibi kaçmaya başlamış.

Bu duruma hayret eden bedevî, arkasından şöyle seslenmiş:

--"Hey yolcu! Tamam deveyi al git ama senden bir ricam var. Sakın bu olayı başkasına anlatma!"

Bu isteği tuhaf bulan hırsız adam biraz duraklamış ve nedenini sormuş:

Bedevînin verdiği cevap ilginçtir. Şunu söylemiş:

--"Eğer bunu başkasına anlatırsan, bu her yerde duyulur ve insanlar bir daha çölde susuz kalmış birini gördüklerinde ona yardım etmezler."

Bu hikâyenin bize öğrettiği şudur:

"İyiliğe karşı iyilik, herkesten beklenen doğal bir davranıştır. İyiliğe karşı kötülük, insanlıkla bağdaşmayan ahlâk dışı bir tutumdur. Kötülüğe karşı iyilik ise, sadece seçkin ve erdemli insanların işidir."

NOTLAR